Ennyd

Ennyd

Cerddi a darluniau am fagu plant

cerddi
John Emyr

lluniau
Luned Aaron

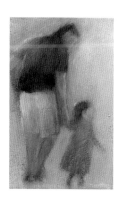

Argraffiad cyntaf: 2017

ⓗ lluniau: Luned Aaron 2017
ⓗ testun: John Emyr 2017

Dylunio: Eleri Owen

Cyhoeddwyd gyda chymorth Cyngor Llyfrau Cymru

Cedwir pob hawl
ⓗ Gwasg Carreg Gwalch 2017

Rhif llyfr rhyngwladol: 978-1-84527-597-6

www.carreg-gwalch.com

Cyflwynir i ddwy arbennig:

Mair Eluned Davies
a
Grace Roberts

Cynnwys

Disgwyl 8

Rhoed Iddi Iaith 10

Tirlun Oes 12

Curo Dwylo 14

Amser Stori 16

Tua'r Traeth 18

Mam a'i Phlentyn 20

Bychanfyd 22

Troedio 24

Tad-cu ac Ŵyr 26

Hirddydd Haf 28

Eiliadau 30

Brawd a Chwaer 32

Camau Cyntaf 34

Gorwelion 36

Cwtsh 38

Cestyll Tywod 40

Pen-blwydd 42

Breuddwydio 44

Annibyniaeth 46

Disgwyl

Cyn dy anadl, anadlais
A dal llun cyn clywed llais:
Er pob llid a gofidiau,
Un ennyd oedd i ni'n dau;
Ennyd bur datblygiad bod,
Ennyd dynn enaid hynod;
Ennyd fach o ras di-fai
Ac ennyd a'm digonai.

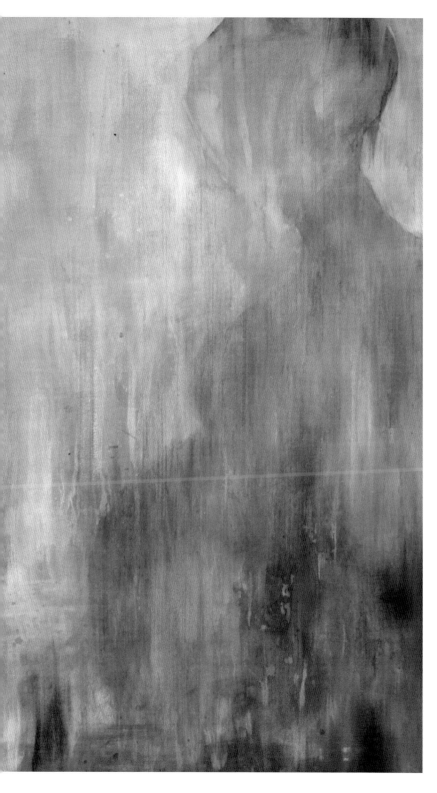

Rhoed Iddi Iaith

Rhoed iddi iaith ar lin ei mam,
Ni chaiff un cam o'i siarad;
A dyma iaith fydd wrth ei bodd
A rhodd i 'nabod henwlad.

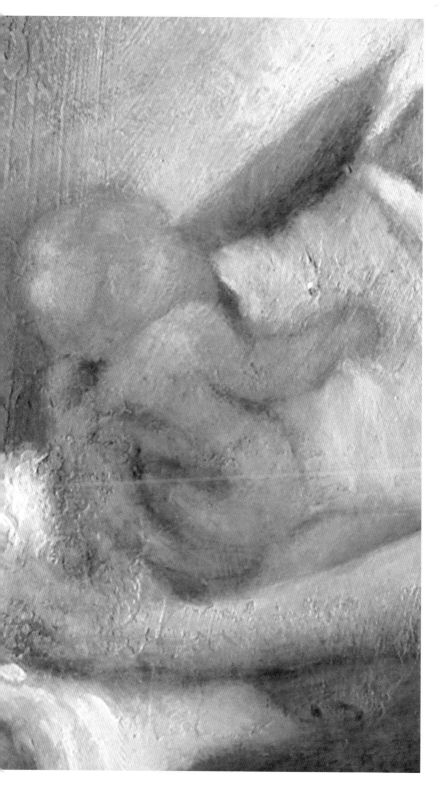

Tirlun Oes

Mam â'i phlentyn ar ei glin,
Ei geiriau'n llawn anwyldeb;
Un ennyd fach yn oriel rhin;
Mae tirlun oes mewn wyneb.

Curo Dwylo

Yr her, a'r hyder wedyn,
Ddaw o hwyl y bysedd hyn.

Amser Stori

Rho, Mam, y stori i mi – ac fe gaf
     Ei gweld yn dy gwmni;
   Mae'n drysor i'm diddori
   Mewn geiriau a lluniau'n lli.

Tua'r Traeth

Â sawl hwb a fesul un cam araf
      Cymeriad sy'n dilyn;
   Er myned ymhell wedyn,
   O gamau nawr y daw'r dyn.

Mam a'i Phlentyn

Esgyn wna ton i dasgu – yn antur
    Momentau eu syllu;
  Gorfoledd a rhyfeddu
  Yn Nawr hen y don a'i rhu.

Bychanfyd

Heb gur, cael rhannu'r ennyd – a llawen
     Yw lliwiau'u bychanfyd;
  Hwn yw eu heddiw diwyd:
  Lle i fawl yw eu holl fyd.

Troedio

Holwch ymhle mae'n heilun – dyna hi
      Dan het yn y darlun;
   Drwy ei haf diwarafun
   Y troedia hi, hi ei hun.

Tad-cu ac Ŵyr

Dere am dro, Tad-cu, 'da fi,
Gad nawr dy ddesg a'th lyfre;
Paid dod â dim o'th waith 'da ti –
Y traeth yn awr yw'n gweithle.

Yn lle dy ddesg bydd tywod sych,
Yn lle dy sgrîn bydd pylle
A'r môr yn glir a'r haul yn wych;
Nid cader nawr ond creigie.

Dere di (fe wn y doi!),
Cawn hwyl yn Llyfrgell Natur;
Heb waith yn galw, dere'n gloi;
Bydd hwn yn ddiwrnod prysur.

Hirddydd Haf

Nid rhedeg wyf ond chwerthin
A'r dŵr yn tasgu'n wyn;
Dwi'n sefyll yma'n syllu
Ar don sy'n neidio'n syn.

Ar rimyn pell mae'n neidio
Ac o'r fan hyn fe aeth
I le nad oes mo'i gyrraedd
Ar rimyn pell y traeth.

Ond gyda 'Nhad caf gerdded,
Cawn gyrraedd cyn bo hir
A gweld y man cyfarfod
Rhwng pen-draw'r môr a'r tir.

Eiliadau

Cyn machlud y munudau – yn y llun
    Mae llif eu storïau'n
  Rhannu hwyl a chadarnhau
  Golau oediog eiliadau.

Brawd a Chwaer

Wedi'r hwyl, mynd ar wahân – i fydoedd
 Eu dyfodol cyfan
 A llwybrau gwaith lle bu'r gân.

Camau Cyntaf

Iawn oedd dysgu cropian,
A cherdded sydd yn sbri,
Ond dyna hwyl yw rhoi fy nhroed
Yn ei hesgid ryfedd hi.

Mae hon yn esgid anferth
Ar sawdl uchel iawn;
Ni all fy nhroed, sy braidd yn fach,
Ei llenwi hi yn llawn.

Ond eto, ar ôl tyfu
Yn fenyw fawr fel Mam,
Bydd gennyf innau sodlau
Yn clician dan bob cam.

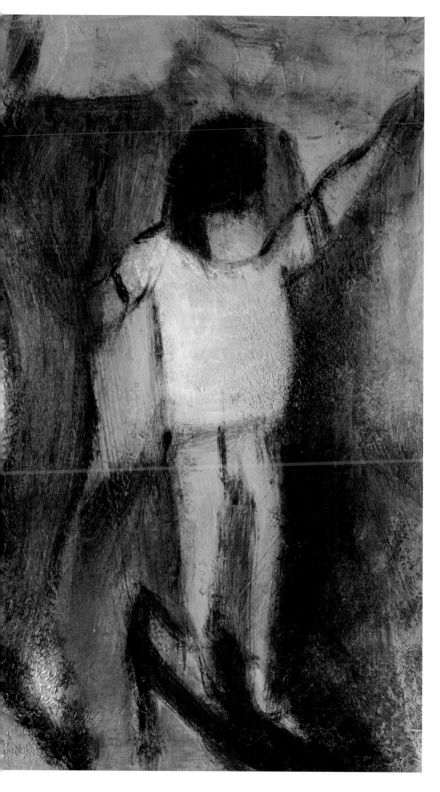

Gorwelion

Mae'r ennyd ger môr heniaith
Yr un fath â siwrnai faith
Neu wynfa i ddarganfod
Rhuddin byw a gwraidd ein bod;
Ond hei! beth a ddywed hon?
Geiriau hwyl ei gorwelion.
A heddiw ei newyddair?
Mynega 'ond' – mwy na gair:
Yn rhodd, mae'n drysor iddi
A'i haul 'neis' yn hwyl i ni.

Cwtsh

Tra bydd gwerth a thra bydd chwerthin – a gair
      Rhagorol yn gyfrin,
  Dy garu, er byd gerwin,
  A wnaf drwy aeaf a'i hin.

Cestyll Tywod

Bûm yma'n ddiwyd ddiwyd
Drwy oriau'r diwrnod hir
Yn codi cestyll enfawr,
Y mwyaf yn y tir.

Rhaid imi gasglu'r tywod
Yn ddigon pell o'r lli
I adeiladu'r cestyll
Sydd yn fy meddwl i.

Yr wyf ar frys i godi'r
Holl gestyll yma'n awr
A'u gorffen cyn daw'r tonnau
Â grym y cefnfor mawr.

Pen-blwydd

Y teulu'n dathlu drwy'r dydd – teisen blât
    Sy'n y blaen fel mynydd;
  Dathliadau'n y seiniau sydd
  A chân pen-blwydd a chynnydd.

Breuddwydio

Mor frau ydi'r hadau hyn,
Mynnu dod a mynd wedyn;
Chwythaf ac anfonaf hwy
A lledu'r plu colladwy.

I ble yr ânt ar antur?
I dir pell eu crwydro pur?
Â'r rhain o dir yr ennyd,
Moment fer, i bellter byd.

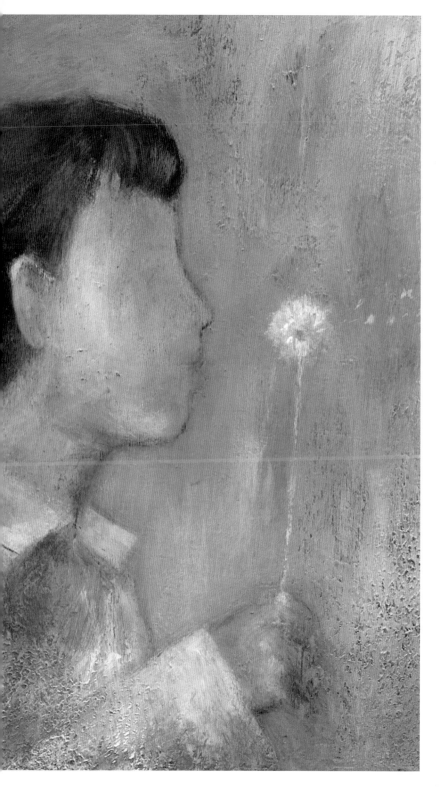

Annibyniaeth

Rhannu ein llwybrau unig – ni allwn,
    Daw gollwng hwyrfrydig;
  Daw awr ffydd wedi'r stryffîg:
  Annibyniaeth arbennig.